AF244541

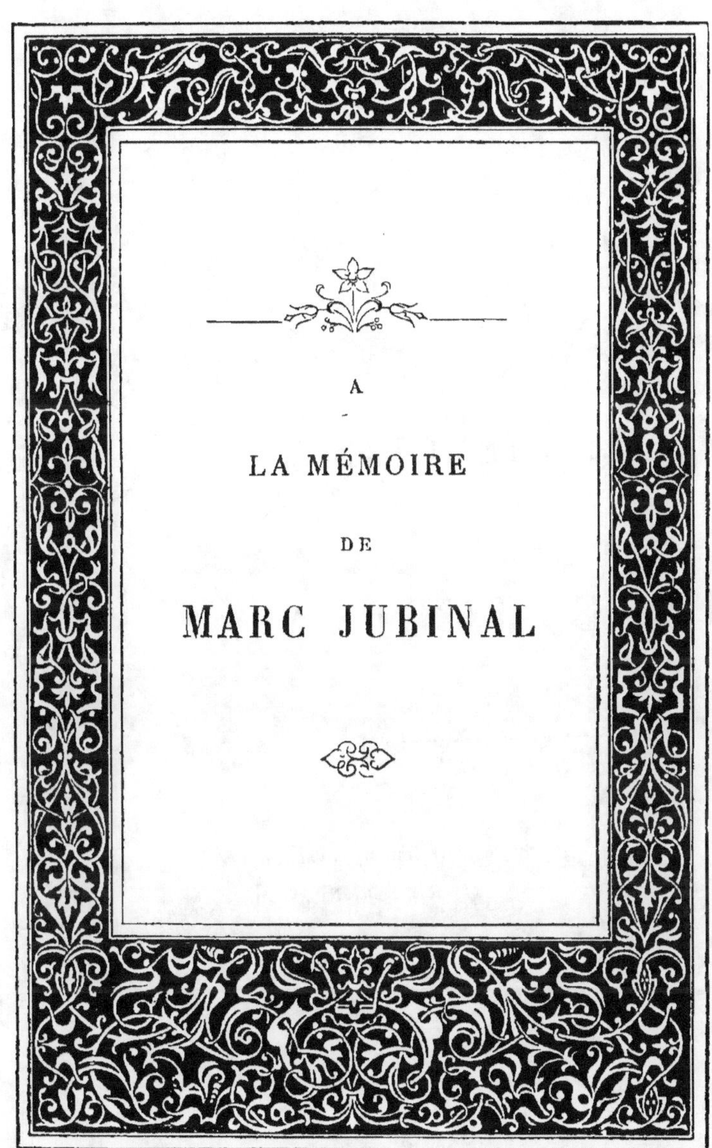

A

LA MÉMOIRE

DE

MARC JUBINAL

A

LA MÉMOIRE

DE

MARC JUBINAL

Quare mors immatura vagatur ?
(Lucrèce, de Rer. Nat., V, 221.)

IMPRIMERIE PILLET ET DUMOULIN

RUE DES GRANDS-AUGUSTINS, 5, A PARIS.

Heliog. Dujardin Paris

A LA MÉMOIRE

DE

MARC JUBINAL

DANS une gravure accompagnant le texte de l'ouvrage intitulé : *La Danse des Morts de la Chaise-Dieu*, on voit la Mort qui s'approche sournoisement d'un beau jeune homme, costumé en seigneur du quatorzième siècle, et qui, mettant une main décharnée sur son épaule, l'avertit que le moment est venu de dire adieu à la douce lumière. L'auteur de cet ouvrage est Achille Jubinal : comme le jeune seigneur dont il s'était plu à repro-

1.

duire la mélancolique image, son fils est
mort prématurément, à l'âge de vingt-huit
ans.

Marc Jubinal était né le 25 septembre 1857.
Élève du lycée Condorcet, il subit, en 1875,
les épreuves du baccalauréat ès lettres, et
conquit, trois ans après, le titre d'avocat à
la Cour d'appel de Paris.

A moins de vingt ans, il se trouvait in-
vesti d'un double héritage : politique et litté-
raire. Écrivain érudit et fécond, Achille Ju-
vénal laissait d'importantes publications ;
ancien député de la circonscription de Bagnères-de-Bigorre, dans les Hautes-Pyrénées, il léguait à l'héritier de son nom l'o-
bligation de mériter un jour la confiance
de ces milliers d'électeurs, dont il avait été
constamment, pendant les dix-huit années
de l'Empire, le représentant au Corps légis-
latif.

Bien que la vie de Paris eût exercé déjà sur le fils d'Achille Jubinal les mille séductions qui la rendent si charmante et si dangereuse ; — qu'il aimât le monde, où il trouvait le milieu le plus favorable à l'emploi et au développement de ses dons naturels d'élégance, de distinction, d'urbanité ; — bien qu'il se fût pris d'un goût très vif pour les exercices physiques, la marche [1], la chasse, les courses, le tir au pistolet, Marc ne laissait pas de se mettre en mesure de justifier les espérances que beaucoup d'anciens amis de son père avaient fondées sur lui. Trop consciencieux et trop fier pour affronter les luttes électorales avant de s'être préparé à les soutenir honorablement, il étudiait avec un zèle — dont celui qui écrit ces lignes a été pendant trois ans le témoin — toutes les questions où l'intérêt de son cher département pouvait se trouver en jeu.

---

1. Il était membre du club Alpin et faisait chaque été de difficiles, parfois même dangereuses ascensions dans les Pyrénées.

Agriculture, industrie, commerce, chemins de fer, routes, écoles, reboisement des montagnes, hôpitaux, bibliothèques, musées, sociétés de tir, haras, rien de ce qui concerne les Hautes-Pyrénées ne lui était étranger. Dans sa chambre, entre les objets familiers dont il aimait à s'entourer, cannes, fouets de chasse, fusils, pistolets, la place d'honneur était réservée à une grande carte du département; des publications spéciales, relatives aux Pyrénées, couvraient plusieurs rayons de sa bibliothèque. Il avait même formé le projet de perfectionner la notion sommaire qu'il possédait du patois qu'on parle dans les vallées, afin de pouvoir s'entretenir plus aisément avec ses futurs électeurs.

L'été, pendant les trois mois qu'il passait à Bagnères, il dédaignait de chercher la popularité bruyante qu'il eût aisément trouvée, s'il l'avait voulu, — tant son père a laissé de profonds et vivaces souvenirs dans ce pays; — mais on le voyait entrer dans

les plus modestes chaumières, causer avec les
ouvriers ou les paysans, mettre au service
des plus pauvres un zèle qui, pour être dis-
cret, n'en était ni moins sûr ni moins efficace.
Et c'était un spectacle touchant que de voir,
à Bagnères-de-Bigorre, les jours de *forail* ou
de marché, dans une salle située au rez-de-
chaussée de la maison paternelle, ce grand
jeune homme à la tournure élégante, allant
et venant au milieu des rudes montagnards
venus de quinze lieues pour le voir. Il aimait
ces braves gens, qui avaient reporté sur lui
le dévouement qu'ils témoignaient jadis à
son père. Il savait leur parler le langage
qui convenait, et mettre, sans affectation
de camaraderie, comme sans hauteur, sa
main blanche, trop blanche, hélas! dans
leurs dures mains de laboureurs ou de bû-
cherons. Et à les voir ensemble, lui, protec-
teur bienveillant mais réservé, déjà grave
malgré sa jeunesse, eux, clients fidèles mais
un peu effarouchés en sa présence, par cette
invariable correction d'homme du monde

dont il ne se départait en aucune circons-
tance, — on se prenait à songer parfois à
quelque jeune *thann* écossais recevant les
hommes de son clan.

Malheureusement, au moment où l'avenir
semblait s'annoncer à lui plein de promes-
ses, sa santé, sa vie même étaient déjà gra-
vement menacées.

En 1876, il était un jour, après avoir eu
très chaud, revenu de la campagne sur l'im-
périale d'un wagon. Il paya cette imprudence
d'une bronchite qui se déclara peu de temps
après, et qui prit rapidement un caractère
tellement pernicieux, que Marc fut pendant
six mois malade. Des soins, — dont il serait
superflu de dire qu'ils furent tendres et
éclairés puisque c'est sa mère et son grand
oncle, M. le docteur Pâris, qui les lui prodi-
guaient, — réussirent enfin à conjurer le

péril. Les forces lui revinrent peu à peu, et,
avec elles, le goût de ces longues marches
dans la montagne, de ces parties de pêche
et de chasse, où il mettait une sorte de point
d'honneur à montrer autant de dédain des
intempéries, autant de résistance à la fatigue, que les plus vigoureux entre ses com-
pagnons. Que de fois, à Bagnères, il quitta,
la nuit, après une ou deux heures de sommeil, la tiédeur de son lit, pour aller, à tra-
vers le brouillard ou la rosée, assister du
haut de quelque montagne voisine au lever
du soleil? Que de fois aussi, il rentra le soir
rompu de fatigue et baigné de sueur, après
une longue journée de chasse? Ces exercices
violents fortifient encore les constitutions
déjà robustes : ils épuisent les autres. Or
Marc avait gardé, depuis sa bronchite, une
petite toux sèche, dont les quintes se succé-
daient à des intervalles, longs d'abord, mais
qui s'étaient rapprochés peu à peu, par cette
progression insensible, dont la lenteur même
semble un artifice que le mal emploie pour

dissimuler sa marche et frapper plus sûrement. Au printemps de 1882, on dut reconnaître que l'affection, victorieusement combattue six ans auparavant, n'avait cédé aux remèdes, que pour reparaître sous une forme nouvelle et avec un caractère singulièrement menaçant.

Marc ne s'y trompa point. Laissant à sa mère les illusions auxquelles s'attache obstinément la tendresse des mères, il voulut connaître avec exactitude et la gravité de son état et les chances de guérison qui lui restaient. Il se procura donc des livres de médecine et les lut en secret : sans doute avec l'anxieuse curiosité qu'on met en pareil cas à parcourir ces pages fatidiques, auxquelles on demande un oracle de vie, et où tel mot, que l'homme bien portant n'eût même pas remarqué, sonne tout à coup, aux oreilles du malade, comme le glas de ses propres funérailles. Le pauvre garçon put d'autant plus facilement apprendre ce qu'il voulait savoir, que dès février 1883, à la suite d'un voyage dans le Midi, des symptômes tristement caractéristiques commencèrent à se manifester. Des soins de tousles instants, un régime d'une extrême sévérité, de minutieuses précautions ayant été prescrits, il lui fallut alors renoncer successivement à tout ce qu'il aimait, le monde, le théâtre, la chasse, les ascensions, les longues promenades. Car, dans les affections de cette sorte, on ne meurt pas tout d'un coup : on se dégrade, on se désagrège lentement; la vie sort de vous, comme tombent l'un après l'autre les fragments d'un mur qui s'effrite. Aujourd'hui, c'est la vigueur des jarrets qui diminue; demain, c'est la respiration qui devient plus courte et plus précipitée, la joue qui se creuse, la main qui s'effile; c'est le corps tout entier qui se réduit, qui se dessèche en quelque sorte, pour prendre un aspect anguleux et raide; c'est la

peau qui se tend sur les os, le squelette,
enfin, qui paraît. La voix, l'appétit, le sommeil s'en vont : on vit toujours et pourtant
on est déjà retranché de l'humanité. La
Mort joue avec vous un jeu épouvantable :
craignant sans doute qu'à force de la voir
rôder autour de lui le malade ne finisse par
s'habituer à sa présence, elle feint parfois de
s'éloigner, elle se cache; puis quand le
malheureux se croit délivré de l'horrible voisinage, elle reparaît tout à coup, plus hi-
deuse qu'auparavant. Ces secousses morales
accélèrent le travail de désorganisation phy-
sique : il semble que tout soit combiné par
une malice infernale pour consommer la
ruine du pauvre être qui lutte désespéré-
ment contre la destruction.

Si, du moins, à mesure qu'on est obligé
de renoncer à tout ce qui faisait naguère le
charme de la vie, si du moins on cessait de
l'aimer, elle! Mais non, hélas! On veut la
retenir, cette vie misérable, d'autant plus
ardemment qu'on la sent prête à s'échapper,

et chaque raison nouvelle qu'on a de la mau-
dire devient un prétexte à la chérir davan-
tage.

Marc vécut ainsi trois ans, si c'est vivre
que de se sentir chaque jour mourir un
peu.

Parmi ceux qui liront ces pages, il n'est
personne qui ne l'ait connu et ne se sou-
vienne de lui. Sa tête brune, encadrée d'un
collier de barbe soyeuse et frisée, rappelait
un peu par la finesse et la régularité des
traits le masque classique de Lucius Verus.
Mais la dureté romaine en était absente, et
le regard caressant de ses yeux bleus ajoutait encore à l'ordinaire expression de dou-
ceur qui fut l'un des charmes de ce charmant
visage. Sa démarche, ses poses, avaient une
grâce alanguie d'indolence créole; la dimi-
nution progressive des forces avait accusé
dans les dernières années ce je ne sais quoi

d'un peu féminin qu'on put toujours remar-
quer en lui. Et pourtant ce frêle jeune
homme miné par un mal terrible, trouva en
face de la souffrance des ressources d'énergie
que ne lui soupçonnaient point ceux mêmes
qui croyaient le bien connaître. Pendant les
longs mois d'une maladie qui use d'ordinaire le courage en même temps que les
forces, Marc ne fit entendre ni plainte vaine
ni récrimination. A peine si de loin en loin
un mot triste jeté en passant, un pâle sou-
rire désenchanté qui effleurait ses lèvres,
révélait la profondeur de son découragement.
Il eut cette dignité stoïque de garder le secret de ses amertumes, de ses anxiétés, de
ses colères, peut-être, contre cette fatalité
de mort qu'il sentait peser injustement sur
lui. Quand on faisait des projets d'avenir
en sa présence et qu'on essayait de l'y asso-
cier, il répondait simplement : « Nous ver-
rons. » Qui saura jamais ce qu'il y avait de
désespérance dans ces deux mots! Ce n'est
point qu'il n'ait eu, lui aussi, des retours

de confiance. Sans doute, à plusieurs re-
prises, on l'a vu moins absorbé, presque
joyeux, dupe, comme tant d'autres, de
ces sursis brefs et trompeurs qu'accorde
parfois la maladie [1], quand elle ramasse ses
forces pour quelque nouvel assaut. Mais
il était doué d'une clairvoyance qui rare-
ment se laissait mettre en défaut, et
cette redoutable perspicacité, que l'étude
des traités spéciaux avait encore aiguisée,
lui montrait bientôt une simple rémittence,
au lieu d'un arrêt de son mal. La gaieté fugi-
tive des jours d'espoir s'évanouissait alors,
un voile de mélancolie couvrait de nouveau
son visage, sans que la cruauté de cette dé-
ception altérât l'égalité d'humeur dont il
s'était fait une loi. Jusque dans les crises
terribles, dont chacune semblait devoir être

1. Ce qui confirme cette opinion, c'est qu'il avait, quelques
mois avant sa mort, formé le projet d'écrire une histoire de
'aventurier Théodore de Neuhof, qui se fit reconnaître roi de
Corse en 1736. Marc avait déjà fait quelques recherches à la
Bibliothèque Nationale, et dressé toute la bibliographie de
son sujet.

la dernière, il resta invariablement maître de
lui, sans qu'il soit possible de savoir s'il faut
faire honneur de cette constance à une fierté
virile qui lui interdisait les lamentations, ou
à une tendre pitié pour ceux qu'il voyait autour de lui souffrir de sa propre souffrance.

Vers le milieu du mois de juillet, voulant
fuir les chaleurs de Paris, il résolut d'aller
passer le reste de l'été sur les bords du lac
de Constance, non loin du château d'Are-
nemberg, où il avait été quelques années auparavant avec son oncle, M. Philippe de
Saint-Albin, porter au Prince Impérial
l'hommage de sa fidélité. Au moment de
partir, soit caprice de malade, soit plutôt
appréhension des tristes souvenirs que de-
vait éveiller en lui la vue de ces lieux où il
avait passé de si bonnes heures en compa-
gnie de l'héroïque jeune homme, Marc chan-

gea brusquement de projet, et c'est sur
Baden-Baden qu'il se dirigea, accompagné
de celle qui depuis trois ans veillait sur lui
jour et nuit, avec l'infatigable sollicitude
des mères.

On arriva à Bade le samedi 18 juillet. Les
jours suivants furent consacrés à des promenades en voiture dans les environs. En
dépit de la fatigue du voyage et de l'insom-
nie qui depuis son départ n'avait cessé de le
tourmenter, jamais, depuis six mois, sa
santé n'avait présenté de plus favorables ap-
parences. Il prenait un plaisir très vif à parcourir ces admirables forêts de sapins, qui
lui rappelaient d'autres forêts, aussi belles et
plus chères à son cœur, celles que nous ad-
mirions ensemble, juste un an auparavant,
couvrant de leur sombre verdure les contre-
forts du Pic du Midi. Du haut du Vieux-Châ-
teau, d'où la vue plane sur une immense
étendue de pays, il aperçut à l'horizon, dans
la direction de Strasbourg, le Rhin qui re-
luisait sous le clair soleil, et la patriotique

émotion dont il fut alors saisi prouve qu'en dépit de ses dehors un peu froids, il était du nombre de ces Français trop rares, qui ne se consolent ni n'oublient.

Le samedi 25 juillet, juste une semaine après son arrivée à Bade, il alla faire dans l'après-midi un tour à pied afin de se réchauffer, car il avait eu le matin, en se levant, quelques petits frissons.

Au bout d'une heure et demie, il rentra enchanté de sa promenade, et tout fier des trois kilomètres qu'il venait de faire : « Jamais, dit-il, — en abordant sa mère, qui l'avait attendu sur un banc, et commençait à s'alarmer d'une absence à la longueur de laquelle Marc avait depuis longtemps cessé de l'habituer, — jamais je n'ai respiré plus librement qu'aujourd'hui ! » Puis, après un moment de silence, il ajouta :

« C'est égal, ne te réjouis pas encore trop ! » De retour à l'hôtel, il se plaignit d'avoir mal à la tête et se fit donner un bain de pieds, qui parut lui faire un peu de bien. Vers l'heure du dîner, la sensation de froid reparut ; il se tâta le pouls, qui accusa 98 pulsations. Alors il se coucha, et, sentant sans doute que la fièvre augmentait, vers huit heures, il demanda un médecin. On alla, dans le voisinage de l'hôtel, en chercher un qui parlait français, et qui arriva aussitôt. Contrairement à ses habitudes d'extrême réserve, Marc répondit aux questions du docteur avec une sorte de volubilité : il peignit l'existence misérable à laquelle il était condamné, se plaignit d'avoir dû renoncer successivement à la société de ses amis, au monde, aux exercices physiques, à tout, pour s'absorber dans cette tâche unique et désespérante de veiller sans un moment de répit sur son mal. Le docteur essayait en vain d'arrêter ce flot de paroles : excité par la fièvre, le malheureux mit à nu, en quelques minutes, devant cet étranger, toutes les plaies secrètes dont il souffrait depuis trois ans, exhala toutes les amertumes lentement accumulées, et, comme si quelque instinct l'eût averti que l'heure était décisive, qu'il pouvait maintenant tout dire, lança contre cette vie qui allait le quitter, et dont il avait eu tant à se plaindre, une suprême et déchirante imprécation.

L'agitation du malade était telle, que le médecin, après avoir constaté une température interne de 39°, résolut d'attendre jusqu'au lendemain pour l'ausculter, et se retira en prescrivant seulement deux paquets de sulfate de quinine, que Marc prit, le premier vers neuf heures, dans un peu de potage, le second à dix heures. Sa tête était toujours brûlante, et la fréquence du pouls n'avait point diminué. Il essaya cependant de dormir et fit éteindre. Sa mère, après avoir écouté pour s'assurer qu'il dormait, se coucha à son tour, laissant ouverte la porte qui faisait communiquer les deux chambres. A minuit moins le quart, elle entendit Marc se lever tout à coup et descendre de son lit. Quelques secondes après, le temps d'allumer, elle fut auprès de lui. Et voici l'horrible, l'inoubliable spectacle qui s'offrit à elle : Marc, livide, couvert de sang, debout devant sa toilette. Il dit : « Ah ! maman, je vomis tout mon sang ! » Ce furent ses seules et ses dernières paroles. Un flot rouge sortait en même temps de sa bouche, inondant la cuvette, sa chemise, le parquet de la chambre. Et la malheureuse mère n'eut que le temps d'ouvrir les bras pour recevoir le corps chancelant de son fils déjà mort, mort sans un soupir, sans une convulsion, sans un râle d'agonie, mort foudroyé par la rupture d'un vaisseau et la soudaine irruption du sang dans le poumon.

Qu'on se représente, si l'on peut, ce tableau : une chambre d'hôtel, la nuit, en pays étranger ; cette femme éperdue, implorant dans le silence de la maison endormie un secours qui ne vient pas ; ce corps étendu, où

l'illusion de l'amour maternel cherche encore un reste de vie, ce lit défait, ces linges
couverts d'horribles taches ; du sang partout,
sur les draps, sur le marbre de la toilette,
sur le tapis, sur les vêtements, sur les mains
de la mère... et qu'on dise si quelque élé-
ment d'horreur ou de pitié manquait à cette
épouvantable scène !

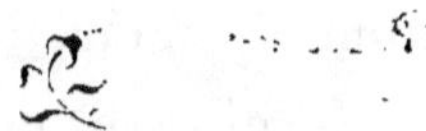

Prévenus par dépêche, la sœur de Marc,
Mme George Duruy, et son mari quittèrent
précipitamment Paris, accompagnés d'un
ami dévoué de la famille Jubinal, M. Léon
Malleval, venu exprès de Nevers pour faire
ce triste voyage. Ils arrivèrent à Bade le
lundi matin.

Marc était étendu sur son lit, le visage
calme, reposé, sans aucune de ces hideuses
contractions d'agonie qui souvent crispent
la face des morts. Près du lit, sa mère était

assise, pâle comme lui, les yeux secs, car
à force de pleurer, ses larmes s'étaient
taries; et son regard morne, effrayant de
fixité, ne quittait pas une seconde les traits
chéris, comme pour s'emplir de cette vision
funèbre et la garder à jamais. Depuis trente-
six heures, elle était là, sans mouvement,
sans voix. Sur une table deux cierges brû-
laient.

Le chien de Marc se cachait dans un
coin, triste, effrayé, comme s'il eût vague-
ment compris, dans son âme obscure, que
quelque terrible mystère venait de s'accomplir.

Par la fenêtre entr'ouverte, la gaieté sacri-
lège d'un rayon de soleil et de chants d'oi-
seaux entrait dans cette chambre de deuil.

Vers minuit, quand tout le monde fut en-
dormi dans l'hôtel, des hommes qui portaient

sur leurs épaules quelque chose de long, caché sous un grand tapis de table rouge et noir, entrèrent dans la chambre mortuaire. Ils mirent leur fardeau à terre et le découvrirent : c'était un double cercueil de plomb et d'acajou, capitonné de soie blanche. Marc y fut déposé pieusement : la fidèle servante, Augustine, qui vingt-huit ans auparavant l'avait enveloppé de ses premiers langes, l'enveloppa de son linceul.

Quand elle eut fini de l'arranger, comme un enfant qui dort dans son berceau, et que de tout son corps, dissimulé sous la blancheur des linges, on ne vit plus que la tête reposant sur l'oreiller de satin, toujours belle, avec je ne sais quelle expression de sérénité, la porte de la chambre voisine, fermée pendant ces apprêts, fut rouverte afin que sa mère et sa sœur pussent le contempler une dernière fois.

Ce qui alors se passa, à quel point fut tragique ce suprême tête-à-tête et ce suprême baiser, il est plus facile à ceux qui liront ces pages de le deviner, qu'à celui qui les écrit de le dépeindre...

Ensuite, on mit sur le cercueil le couvercle qui pour l'éternité séparait Marc de la lumière, de l'air, du regard des vivants.

Les porteurs enlevèrent la bière, à peine plus lourde, car il était si frêle !

L'un d'entre eux les précédait, une lanterne à la main; ils allaient doucement, marchant sans bruit sur les tapis, se parlant bas les uns aux autres : car il ne fallait pas que les voyageurs descendus à l'hôtel apprissent qu'il y avait un cadavre dans la maison.

Et c'était un spectacle étrange que celui de l'enlèvement clandestin de ce cercueil au milieu de la nuit, dans les longs couloirs déserts de l'hôtel, par ces hommes qui semblaient accomplir quelque criminelle besogne, tandis que le va-et-vient de la lanterne projetait sur la muraille la danse fantastique de leurs ombres énormes.

A deux heures du matin, le train qui emportait Marc et sa famille quitta Bade[1]; le soir, à six heures, les restes de celui qui onze jours auparavant avait quitté Paris en projetant pour l'hiver prochain un voyage en Algérie reposaient dans les caveaux de la Madeleine.

Le service funèbre eut lieu le samedi 1er août. La présence de Mme Achille Jubinal, que les plus instantes supplications n'avaient pu détourner de rendre, elle aussi, ce dernier devoir à son enfant, ajoutait encore à l'émotion des assistants. Après la

---

1. Qu'il soit permis d'adresser ici un témoignage de reconnaissance à deux Français, Mme Husson et M. Maxime du Camp, qui, informés qu'une de leurs compatriotes se trouvait à l'hôtel, seule, avec son fils mort, se rendirent auprès de Mme A. Jubinal et ne cessèrent, pendant ces deux mortelles ournées, de l'assister avec une sollicitude et un dévouement sans bornes.

cérémonie religieuse, le cortège se mit en
marche dans la direction du cimetière Mont-
martre. Le char funèbre disparaissait sous
la blancheur des couronnes amoncelées :
c'est au milieu des parfums et des fleurs
qu'il avait tant aimés, que le pauvre mort fit
sa dernière étape.

Au cimetière, devant l'ouverture béante
du caveau qui allait engloutir pour jamais
tant d'espérances, la scène déchirante des
adieux suprêmes de la mère à son fils fit jail-
lir de tous les yeux une nouvelle source de
larmes. Puis nous nous retirâmes silencieux
et pensifs, agitant en nous-mêmes ces re-
doutables problèmes que le spectacle de la
mort impose à l'impuissante méditation de
l'homme ; et quand du fond de notre dé-
tresse nous levions les yeux vers le ciel
pour y chercher le Dieu de miséricorde dont
l'Église venait de nous parler avec sa grande
voix, quelque chose montait à nos lèvres
qui ressemblait moins à une prière qu'à un
blasphème, car nous étions tentés de pous-

ser vers lui le cri désespéré du poëte: *Quare Mors immatura vagatur?* O Dieu! pourquoi cette Mort qui rôde et qui frappe avant l'heure?

Août 1885.

Es lignes étaient écrites, et, le di-
manche 18 octobre, Mme A. Jubinal
s'était fait une dernière fois donner
lecture du manuscrit. Le lendemain, l'op-
pression dont elle souffrait depuis plusieurs
années augmenta, annonçant qu'une crise
grave de sa maladie de cœur se déclarait.
Le 26, elle reçut, en pleine connaissance,
les derniers sacrements. Le mardi 27, à dix
heures et demie du matin, elle s'éteignit
doucement, sans souffrance, entre les bras
de sa fille.

Son âme douloureuse est allée au rendez-
vous que lui donna sans doute, en partant,
l'âme de Marc. Que vouliez-vous qu'elle fît,
depuis qu'il n'était plus là, l'enfant bien-
aimé, sinon de s'en aller? Elle avait aimé la

vie à cause de lui ; à cause de lui aussi elle
aima la mort. Elle l'appela de ses vœux, et
quand elle la sentit à ses côtés, sans doute
elle pensa : « Que tu m'emportes pour me
rendre mon fils, ou seulement pour me déli-
vrer du supplice de vivre sans lui, prends-
moi, je te bénis ! »

Et maintenant ils reposent tous les deux
dans la terre, dormant leur dernier sommeil
à côté l'un de l'autre, comme ils dormaient
de leur vivant. La vie ne les avait jamais sé-
parés : clémente aussi, la mort les a bientôt
réunis. Si, comme l'Église l'a promis, la
mère et le fils se sont retrouvés au pays des
âmes, qu'ils veillent, de là-haut, sur celle
qu'ils ont laissée derrière eux, qui souffre,
et qui pleure sans fin sa famille détruite !

2 novembre 1885.

www.ingramcontent.com/pod-product-compliance
Lightning Source LLC
Chambersburg PA
CBHW061722060726
47597CB00006B/2524